기억은 맨홀로 지나간다

김임생 시집

세종문화사

「기다림」

시인의 말

바람에 실려 오는 소리
자꾸 어딘가로 흩어지고
할머니의 무릎 위에서
세상의 귀여움을 독차지했다
교실 문턱을 넘자
선생님의 말씀은 물에 잠긴 듯 멀어지고
검은 칠판 위로 그린 풍경이
말을 걸어 왔다
입술의 움직임만 뚫어지게
따라 하던 아이
귀가 열리고 뒤늦게 쏟아진 말은
더 오래 더 간절히 피어났다
시는 그렇게 내 곁에 찾아왔고
황혼 빛 나이에 한 번 더 피어나
말꽃을 피웠다
꽃밭이기에는 미흡하지만
혼자의 만족이 아니라는 걸
알고 싶었다.

2025년 여름

차례

시인의 말 ·· 3

제1부 맹자 씨 예뻐요

민달팽이 ·· 10
하늘을 걷다 ·· 11
팥죽 ·· 12
울음 축제 ·· 14
골목의 봄 ·· 15
나를 찾아서 ·· 16
언덕 너머 ·· 17
보행기 ·· 18
기억은 맨홀로 지나간다 ·· 19
예쁜 꽃손 ·· 20
괜찮아요 ·· 21
사랑 냄새 ·· 22
맹자 씨 예뻐요 ·· 24
구룡포 수평선 ·· 26
바닷가 사랑꽃 ·· 28
소녀와 소년 ·· 30

제2부 낮 전등

백 세까지 ·· 32
오빠 혹은 동생 ·· 34
낮 전등 ·· 35
덩굴장미 1 ·· 36
능소화 ·· 37
바이올린 ·· 38
텃밭 ·· 40
전설의 꽃 ·· 41
연꽃을 품다 ·· 42
가을밤 연주 ·· 43
칠구, 친구 ·· 44
손녀와 봉선화 ·· 46
네모 공간의 삶 ·· 48
꽃의 징검다리·· 50
그네 ·· 52

제3부 푸른 기억들

도라지 행복 ·· 54
먼 길 가는 아침 ·· 55
바다의 꿈 ·· 56
푸른 기억들 ·· 58
콩깍지 주름 ·· 59
수표교(水標橋) ·· 60
비 그친 오후 ·· 61
수국동산 2 ·· 62
차가 식어 갈수록 ·· 63
엄니, 저도 엄마입니다 ·· 64
이별 발걸음 ·· 66
봄비 ·· 67
파도에 감춰진 말 ·· 68
그리움을 그리다 ·· 69
행복 씨앗 ·· 70
내 안의 영상 ·· 72

제4부 찻잔에 스며든 저녁노을

어느 산골 소년 이야기 ·· 74
무궁화 꿈 ·· 75
빗속에 그린 그림 ·· 76
색동다리 ·· 77
선의 소묘 ·· 78
날마다 새롭게 ·· 79
접시꽃 태몽 ·· 80
덩굴장미 2 ·· 82
뜨락 향기 ·· 83
지천명(知天命) ·· 84
행복통장 ·· 85
월악산 ·· 86
찻잔에 스며든 저녁노을 ·· 88

제5부 사랑, 그 뒷모습

기다리는 봄 ·· 90
들꽃 ·· 91
봄이 오는 소리 ·· 92
걸으며 생각한다 ·· 93
사랑은 빛나 ·· 94
우리는 ·· 95
젊음을 부른다 ·· 96
감사의 하루 ·· 97
행복을 담다 ·· 98
감자 ·· 99
손가락 이야기 ·· 100
부부의 날 ·· 101
사랑, 그 뒷모습 ·· 102
솔밭 산책길 ·· 103
경비행기의 추억 ·· 104
길 잃은 구두 ·· 105
당신에게 ·· 106

〈해설〉
아름다움을 통해 삶을 이룩한
미학의 언어 찾기 ·· 108

제1부
맹자 씨 예뻐요

「구례마을 계곡」

민달팽이 / 하늘을 걷다 / 팥죽 / 울음 축제 / 골목의 봄 /
나를 찾아서 / 언덕 너머 / 보행기 / 기억은 맨홀로 지나간다 /
예쁜 꽃손 / 괜찮아요 / 사랑 냄새 / 맹자 씨 예뻐요 /
구룡포 수평선 / 바닷가 사랑꽃 / 소녀와 소년

민달팽이

봄비가 오락가락
땅이 빛나는 축복의 시기에
가벼운 이삿짐 들고 거리를 헤매는 젊은이
꽃빛 시절을 집 찾기로 보낸다
빌딩으로 채워지고 산비탈 허물어 지은 집이
숲을 이룬 도시에서
내 집 한 칸을 꿈꾸지 못한다
지붕 없는 서러운 삶
피부에 닿는 공기에 움츠러들고
희미한 별빛에도 추위를 탄다
건강한 신체와 정신이 로또를 꿈꾸게 하고
망상의 그림 그려야 할 모순된 세상
용감하게 나섰지만 지붕 밑에서 멈췄다
모자라도 쓰면 다행, 젖은 밤이 두렵다
놓친 결혼 적령기를 잊고
굳게 쥔 주먹 풀어 버린 청춘들
포기하고 살아야 할 고달픔에
뼈 없고 집도 없이
민달팽이 신세가 된 거리의 미아
컨테이너 하우스 앞에 머뭇거린다

하늘을 걷다

어두운 하늘에 핼쑥한 달
밤새 누굴 기다리는지
제자리걸음이다

가을 달밤에 귀뚜라미 울음
툇마루 타고 오르고
밝은 달빛과 함께
툇마루 끝에 앉아 있던 그림자

뜬눈으로
뒤척인 달빛에 남아
구름 적시는데
달아나 버린 잠 어디서 찾을까

이 한밤도 잠을 뒤척이며
겨울밤을 건너가는 달과 나
다리 없는 하늘을 걷는다

팥죽

오 남매가 옹기종기 살던 시절
나이만큼 새알심을 팥죽에 넣고
자기 앞 그릇에 담을 때
세 살배기 막내는 감자 같은 새알
너무 커서 입김만 불었지

일찍 끓여 귀신 쫓는다고
어머니는 한 바가지 퍼 들고
담벼락에 수채화 그리듯
세 번씩 뿌려대고 주문을 외웠지

그때는 무슨 말인지 몰라
따라다니며 흉내 냈는데
어머니 나이가 되어 알아채고
식구들 안위를 다시 살핀다

동짓날 기나긴 밤
가마솥에 풀떡풀떡 많이도 끓인 팥죽
창고에 뚜껑 덮어 보관하고
수시로 들락거리며 퍼먹던 기억
지금도 입술에 남아 혀끝을 내민다

아이스크림 같은 새알심을
맛나게 쏙쏙 빼먹다가
차가워 배를 아랫목에 깔고
남몰래 끙끙대기도 했었다

나이보다 더 먹었던 새알심
지금은 나이만큼 먹는 게 벅차지만
어머니의 팥죽 한 그릇이
눈앞에 어른어른 코끝을 당긴다

울음 축제

새봄에 홀려 들판을 걷는다
개구리 울음보 터져
농부들 손발이 분주하다

4월은 익어 가고
논두렁에 퍼져 오르는 소리
하늘 빠진 논에 어울리는 축제

목이 쉬도록 밤새 울고
짝 찾아 또 울어대는
개구리들의 합창

모가 파랗게 논을 뒤덮으면
축제의 울음도 덮일까

이른 봄 개구리 울음이
논바닥에 자욱이 고여
버들강아지 꼬리가 길어진다

골목의 봄

노란 꽃송이 피운
보도블록 틈에 민들레

밟힐까 스러질까
납작 엎드렸다

저것도 꽃이냐고
무심히 지나가지만

큰 꽃 작은 꽃
가리지 않는 나비

틈에 핀 작은 꽃에
살포시 내려앉는다

봄을 키우는 골목
햇살이 내려 따스하다

나를 찾아서

벌써 한 해가 저물어 간다
친구와 레일바이크를 타고
신나게 페달을 돌린다
눈앞에 펼쳐진 철로 변에는
하얗게 센 억새가 손을 흔든다
오늘은 남편과 자식
근심 걱정 다 잊을 수 있겠다
온 길은 되돌아갈 수 없고
종점은 저만치 아스라한데
레일바이크가 뒤로 총총
빨리 가자고 재촉한다
아직도 갈 길이 멀다고
속도를 올리자
억새밭이 휙 스쳐 지나간다

언덕 너머

섣달 보름 찬 바람 속
하늘에 걸린 둥근 달이
문득 지난날을 불러낸다

꽁꽁 묶어 둔 기억의
실타래 한 자락
먼지에서 곱게 피어나
저절로 눈시울 적신다

차가운 달빛이 쏟아지는 밤
보름달 따라 걸었지만
그림자는 끝내 밟히지 않는다

그리운 옛 생각이
소리 없이 피어나는 밤
언덕 너머로 달이 말없이 기운다

보행기

두 할머니가 보행기를 밀고 지나간다
걸음마 배우는 아이 걸음으로
조심조심 발을 옮긴다

볕을 고르더니
양지를 깔고 나란히 앉아
무엇을 생각할까
합죽한 볼을 오물거린다

어디에 젊음을 다 벗어 놓고
앙상한 다리로 서서
보행기에 의지할까

이마에 새겨진 인생 계급장 사이로
세월의 물결 얼마나 흘렀을지
주름 속에 감춰진 삶이 깊다

굽이굽이 지고 메고
뒤바꾸며 그려 놓은 세상
굽은 등 무성한 그늘이 보행기에 얹혔다

기억은 맨홀로 지나간다

오랜만에 만난 친구들과
수다의 강물은 넘쳐흐르고
67번 찾아 호화로운 룸으로 들어갔다
생음악에 디제이 흥겨움
친구의 노래에 디스코로 생난리
일행은 입이 찢어지게 웃다가
밤은 깊어 가고 출입문을 나설 때
사진사가 얼굴을 내밀며
웃어 보라 손짓했다
우리는 배꼽 잡으며
합창단이 되어 활짝 웃고 있었다
대포 같은 카메라에 놀라 일어나 보니
이게 웬일 67번이 맨홀 속이었다니
우리는 밤새 꿈속 맨홀의 동굴에서
화려한 밤을 즐기고 있었다
생애 이런 꿈은 처음
잊지 못할 꿈속 방
한낮 태양이
모든 환상을 조용히 지워 간다

예쁜 꽃손

덧없이 흘러가는 시간 속에
눈부시게 빛나는 등불
봉사자의 손에 들려 길을 밝힌다
꽃봉오리 열릴 때까지
거동이 불편한 독거노인들
미용 이발 도우미 되어 단장해 준다
흰 머리카락 날리며
휘파람으로 감사 표시하고
걸음도 가볍게 옛정 불러 흥을 돋운다
예쁜 손 봉사단의 역할로
꼭 다문 입 눈가엔 주름 펴지고
할머니들은 아기가 된다
머리카락 짧아질까 불안에 떨며
젊음의 영광이라도 머리칼에 들었는지
짧아진 머리 자꾸 쓰다듬고
봉사하는 기쁨조 꽃손들은
미래의 등불 밝혀 가며 쉬지 않고
끝까지 손을 잡는다

괜찮아요

창밖 바라보며
찻물 한 모금 마셔요

어젯밤 잠은
왜 그랬는지 모르겠어요

자꾸만 생각에 잠기고 잠겨도
풀리지 않는 답답함

혹시
누굴 몰래 사랑하고 있었던 걸까요

정말
이 사랑 괜찮은 걸까요

사랑 냄새

겨울방학 때
개구쟁이 두 남동생
논두렁 밭두렁 마른 잔디를
손 시린 줄 모르고 망태기에 담아 왔다

공부방 책상머리에 앉아
첫째 동생 한 줌
둘째도 한 줌
철이 없는 나도 한 줌
호롱불에 솔솔 뿌리다 쌓인 불씨
이불에 옮겨붙었다

뒤뜰에서 디딜방아 찧던 어머니
연기 속으로 달려와
비지땀 흘리며 불길을 잡고
우린 고양이 눈으로
어쩔 줄 몰라 눈치만 봤다

허겁지겁 불이 꺼지고
우리를 불러 꼭 끌어안아 주시며
이만하길 다행이지 하시며 웃으셨다

어머니의 품은 세상에서
가장 따뜻한 보금자리
두렵던 불 냄새 땀 냄새는
사랑 냄새로 흔적 없이 지워졌다

「그리움」

맹자 씨 예뻐요

예쁜 손 봉사단 이미용의 날
거동 불편한 집을 방문
고운 피부에 예쁜 얼굴 마주한다

뇌경색으로 말없이 눈만 깜박깜박
보고 싶었다고 말 걸어도
무표정으로 바라보기만 한다

밝은 표정으로 힘 싣는 남편
웃으며 맹자 씨 예뻐, 예뻐요 한다
참으로 아름다운 말
목석같아도 그대가 있다는 건
얼마나 사랑스러운가

날개 잃은 천사에
어디에서 날아온 백학일까
둘이 마주 보며 그린 지상낙원

살아 있다면 나의 그대는
황혼길 멀다고 해도
따사로운 저녁노을일 테지

가장 예쁜 우리 맹자 덮어 주는
그 지극한 손길
사랑은 모든 병마를 이긴다

구룡포 수평선

눈 뜨기 전
쟁반 햇살이 방안을 불 밝히고
일어나기 전
햇볕모자 씌워 준다

동해 품은 친정집
정년퇴직한 아버지
엄마와 구룡포 끝자락 전원주택에서
낚시 즐기시며 아주 천천히
하루하루 살아가셨다

은빛 멸치를 안고 넘실거리는
파도를 타고 오른 하늘은
맑은 거울처럼 투명했다

아버지와 함께 파도에 밀려온
우뭇가사리 줍던 손끝의 감촉
바구니 가득 퍼 담던 생명의 온기
물빛 수채화로 번져 있었다

수평선 바라볼 때면
순한 섬 아가씨 같은 바다
이런 곳에서 평생 살고 싶다는 생각에
몇 번이고 마음이 흔들렸다

이젠 아주 먼 곳에 계시는 아버지
사진 한 장으로 걸려 있는 고향
아버지의 발자국 찾아
반드시 걸어가 보고 싶다

바닷가 사랑꽃

밤새운 파도 소리에
귓불 세워 걸어온 자목련
절벽 끝에 서서 동동거린다

봄바람 타고 멀어졌다
흰 거품 물고 부딪치는 파도 곁에
다가서지 못하는 망설임

길 내주지 않는 바다는
애절한 그리움 알아채지 못하고
바위 자락에 벼랑을 세웠다

삶의 언저리 돌아와
한 번의 만남을 위한 화려한 몸짓
휘도는 바람이 풀어내고

꽃잎에 물든 그리운 햇살만
자줏빛으로 물들어
수평선 너머 하늘 붙잡는다

일평생 함께 하자던
엊그제 다짐을 잊고
바다 멀리서 웃고 있는 그대

따라가지 못한 설움
바위에 서서 피었는지
숭고한 사랑꽃 바람을 탄다

소녀와 소년

동지섣달 숨어 있다가
입춘 앞세워
꽃 소식 안고 얼굴 내미는 봄

맑고 신선한 치장으로
수줍어하는 소녀의 두 볼에
들뜬 향기 뿜어져 나온다

해를 바꿔 찾아와
변함없이 여는 꽃봉오리
닫힌 계절 밭에 꿈의 씨앗 심는다

나풀거리는 보리밭 노래
소녀 입술에서 터져 나오는 길목
설렘의 종이 울리고

봄이 오는 소리 밟아
소년 가슴에 피어오르는 아지랑이
티 없는 사랑이 싹튼다

제2부
낮 전등

「화해」

백 세까지 / 오빠 혹은 동생 / 낮 전등 / 덩굴장미 1 /
능소화 / 바이올린 / 텃밭 / 전설의 꽃 / 연꽃을 품다 /
가을밤 연주 / 칠구, 친구 / 손녀와 봉선화 / 네모 공간의 삶 /
꽃의 징검다리 / 그네

백 세까지

봄나물 천국인 경동시장
산이 옮겨와 눈이 즐겁다

떨떠름한 맛의 참가죽잎
끓는 물에 살짝 데쳐
실파, 마늘, 고추장, 양파,
쌀조청, 깨소금, 참기름, 액젓
양념이란 건 다 넣는다

전원주택 마당가에
전봇대와 견주고 선 참가죽나무
꽃 피듯 불그레한 새순 돋아났다

봄 밥상에 어머니 손맛 얹어
가죽나물로 만찬을 차리고
아버지 막걸리 잔은 연신 비워졌다

천연 구충제
염증 치료와 면역력 강화
암세포 증식 억제
암 예방에 효능이 있다는 나물

몸에 쌓여 있던 독소 배출시킨다니
유혹에 빠져 바구니 채 담는다

재수 없으면 백 세까지 산다는데
하늘로 소풍 갈 날 언제일지 몰라도
그때까지 건강하게 살자

오빠 혹은 동생

아흔 고개 넘긴 어머니
은은한 미소로 곁을 지키는 둘째
오 남매 중 가장 가까이
효심의 빛을 전하는 성자
때때로 보낸 감사의 마음은
글자 위에 머무를 뿐이지만
따스한 목소리에
온기가 스며드는 걸 느낀다
묵묵히 쌓아 올린 하루하루
고된 기색조차 감춘 채
넓은 품으로 감싸안는 동생
그 헌신 앞에 고개 숙인다
오 남매의 끈끈한 우애 안에
예의 바르고 명랑하여
구김살 없이 든든한 버팀목이다
오빠라 불러도 손색없을
믿음직한 동생
늘 행복의 꽃길만 걷길 바란다

낮 전등

젊으나 늙으나 꼭 필요한 존재
활기 줄어든 나이가 되어
거북이처럼 느려도

삼식이 투정해 본 적 없는
그대는
내 곁에 머물고 있는 태양이다

건강을 위한 등산
가족을 위해 부지런히 챙기고
활력을 가꾸는 사람

삶의 끝을 보지 않고
석양빛에 물들지 않기를
바라는 것처럼

기력 없고 늘어진다면
자연으로 저물어 갈 낮 전등
그 불빛에 내가 없을 테니까

덩굴장미 1

향기를 지키려고
꽃송이 밑에 가시 내밀었을까

만져 보기가 두려워
한 발짝 꽃과의 거리를 둔다

겨우내 헐벗은 울타리는
장미 넝쿨 손잡고
오월 바람을 흔든다

고난에 헐벗은
초라하고 누추한 울타리가
화려한 변신으로 꽃밭이 되었다

빨강 드레스 담장 밑으로
우아하게 흘러내려
오월 신부가 사뿐사뿐 걷는다

능소화

양반집 우물가를 밝히는 꽃
기다림에 익숙한
한밤의 등불로 타오르는 능소화

담장 위에 연등으로 피어나
한낮을 비추는
전설의 아픔을 달랜다

소담스럽게 담장을 휘감고
밖으로 얼굴 내밀어
오가는 발길 멈추게 한다

송이송이 활짝 웃는 모습
눈 맞추면 하는 말
여러분 사랑하세요, 사랑하세요

초여름 장대비에 쌓인 꽃송이
바람이 불 때마다 전해오는 말
조금만 기다리세요, 조금만

바이올린

중학교 시절 특별활동 작곡반
바흐 G선상의 아리아
그 리듬에 녹아났다

차분하고 애틋하게 흐르는
낮은음에 흠뻑 빠져
넋이 나간 적이 한두 번이 아니었다

아버지 졸졸 따라다니며
몇 날 며칠 콧소리로
바이올린 바이올-린 애원했는데

공부나 하거라
단칼에 잘리는 애교
그만 벽에 기대어 펑펑 울었다

성인이 되어 통기타와 가야금
열정으로 배운 손가락
부풀어 터져 결국 포기했다

지금은 피아노를 가지고 놀며
손으로는 건반을 입으론 바이올린
온몸으로 합주하는데

들어달라고
붙잡고 조를 아버지는 곁에 없다

텃밭

어머니 놀이터
평생의 삶이 묻어 있는 자국
꽃보다 즐겁게 해 주는 채소
가슴에 조용히 스며들어 온다

삶의 질을 높여 즐겁기만 하셨는데
이제는 거동이 불편해서
주인 잃은 텃밭이다

어머니의 체취
손길 닿은 곳마다 쌓인 그리움
고랑마다 잡초만 무성하다

"이승에서 먼 나라 소풍 갈 때까지
근력을 유지하는 것도 복이다
왜 이렇게 오래 사나"
자책하는 모습에 뭉클해진다

한 번 가면 돌아올 수 없는
하나뿐인 생명인데
황혼길 가꾸는 것도 어려운가 보다

전설의 꽃

걷다 보니 길가에 자리 잡은
한 떨기 꽃
가냘픈 아가씨 몸체에 녹색 치마

7월 땡볕을 안고 가로수처럼
무궁화도 접시꽃도 아닌 것이
화려함 뽐내듯 왕성하다

부용, 부용화
기생 이름으로 즐겨 썼던
꽃 중의 아름다움이어라

부용화 피는 계절
섬세하고 아름다운 꽃말처럼
거리를 수놓은 전설의 꽃

매혹에 빠져 걷다가
허방 한번 짚고 카메라를 연다

연꽃을 품다

연잎을 보며 거닐던 세미원
시원하게 내리는 사랑비에 젖는다

맺힌 수정 물방울 가득 담았다가
쏟아내며 인사를 반복하는 연잎
무엇을 비우는 걸까

소나기에 젖은 꽃봉오리
잔잔한 물결 수평으로 모여
그치지 않는 연꽃 미소 따라
걸음 멈춰 듣는 사랑의 속삭임

우거진 미루나무 그늘
벤치에 여유롭게 앉아서
순수한 자태로 활짝 웃는
연꽃 인연 사색의 끈으로 묶는다

진흙 속에서 자라 온화하게 피는
청결함과 고귀함 닮아
연등 밝힌 빛 온몸으로 품는다

가을밤 연주

한적하고 아늑한 풍경이 있는 곳
짙푸른 녹음 사이로
여름 끝자락 가을이 다가온다
어둑어둑 저녁이 되자
귀뚜라미가 제 몸으로
조용히 독주를 시작한다
이 밤 애절하게 보고픈 이가 있는지
온 힘 다해 세레나데를 부른다
지휘자 없는 침묵의 무대
악보 없이 온몸 울리는 그 연주
이 세상 어떤 악기보다 맑고 청아하다
난 객석에 앉은 관객
그 음악을 귀 기울여 듣는다
길어지는 이 순간
그믐달 어둠의 풀숲
맑은 소리 또록또록 발목에 굴러온다
난 귀 열고 천상의 음악을 듣는다
가을이 한 걸음씩 다가온다

칠구, 친구

산책하기 좋은 봉화산 숲길
아무 말 없이 걷다가
우람하게 솟은 소나무

두 팔 벌려 힘껏 안아 보니
가슴에 파고드는 소리
다 내려놓으라 한다

작은 일에 감사하며
지혜롭고 부지런한
긍정적 사고를 가지려 새겨듣고

산책길 내려오며 외식하자고 하니
'난 여동생 없이 자라
오빠라고 듣고 싶은데 오빠라고 해 봐'
그럼 근사하게 대접할게

아이고, 이 나이에 무슨 오빠야
사춘기도 아닌 사추기가 왔나
그래 오빠야
오늘은 칠구 친구 데이다

당신과 우린 영원한 친구
큰 소리로 깔깔깔
마주 보며 웃어 보았다
인생 이렇게 사는 거야, 오빠야

큰 웃음에 놀랐을까
일상으로 불던 숲 바람이
시원하게 호응해 준다

「가을 속삭임」

손녀와 봉선화

눈길 사로잡는 열기 속에서
건드리면 터질 것 같은 봉선화
천 년 물감이 사랑스럽다

귀여운 큰손녀
명반과 소금을 넣고
꽃잎을 절구에 짓이기며
해맑게 웃는다

꽁꽁 싸맨 손톱과 발톱
꽃잎들이 더 곱게 물들어 있다
어릴 적 모습이 떠올라
좋아라 손뼉 친다

손끝마다 불타는 황홀경
앵두를 그려놓은 듯한 발
매어 신는 신발
눈웃음 짓는 손녀 앙증맞다

사랑 빛 팽팽하게 부푼
유혹의 비밀 주머니
언제 터질까 조마조마
가을 문턱 당겨 넘는다

네모 공간의 삶

그이는 인터넷 바둑을 두며
시간의 틈새를 여유롭게 내어준다
7단의 고수와 마주 앉아
흑백의 즐거움에 잠기고
잠시 쉼의 틈 찾을 땐
막걸리 한잔을 벗 삼는다

수많은 인연 지나간 자리
집 안에 머물며 스킨십 없는 세상
바둑돌 묘수로 이어지는
또 다른 인연을 만나고
책을 좋아하는 독서광이다

혼자서 드럼도 잘 두들긴다
리듬을 찾아 멋지게 신나게
저물어 가는 인생을 살리고 살리며
오늘도 땀을 쏟아 낸다

건강을 위한 유산소 운동
거실엔 자전거랑 4㎏의 아령이 뒹굴고
마당에는 역기가 걸려
가 버린 청춘을 되살린다

삼백육십 도 네모 공간에서
알찬 삶을 일구는 남자
누가 알아주지 않아도 자신의 이야기로
달라붙는 무게를 이겨 낸다

꽃의 징검다리

토끼풀 따라 행운을 밟고 가면
오월 바람결에 매화말발도리꽃이
빙글빙글 애교를 피운다

자라꽃은 진실한 수정의 동반자
사랑보다 깊은 애정으로
아름답게 속삭인다

작약의 부드러운 꽃잎은
막 피어난 붉은 감정을 닮아
수줍은 눈웃음 펼치고
은은한 향기 뿜는 고광나무꽃
흰빛의 기품을 꽃잎에 담는다

연노랑 꽃잎 뒤로 말아
올린 박쥐나무꽃
부귀의 꿈을 장식하고
오엽딸기의 곁에 앉으며
애정 어린 질투를 펼친다

은근히 마음을 살찌우는 호감
울분꽃나무의 고운 자태 아래
슬픔과 아름다움이 겹겹이 되고

오이풀과 슬픔이 스미는 길
꽃들의 대화는 겅정겅정 건너뛰며
사랑의 귀를 열게 한다

그네

앞마당 모감주나무 그늘에
낡은 원목 그네

따뜻한 감국차 한 모금에
깊은 향이 번져 나간다
향기에 스며들어
한구석을 파고드는 그대

가슴 언저리부터
잔잔히 흔들린다
보고 싶어 타는 그네
나지막이 흔들흔들

그리움 지우는 서늘한 바람
가슴을 스쳐 지나간다

오를 때는 이름을
내려올 땐 모습을
번갈아 그려 놓는 그네
제자리 떠날 줄 모른다

제3부
푸른 기억들

「옛 생각」

도라지 행복 / 먼 길 가는 아침 / 바다의 꿈 / 푸른 기억들 /
콩깍지 주름 / 수표교(水標橋) / 수국동산 2 / 비 그친 오후 /
차가 식어갈수록 / 엄니, 저도 엄마입니다 / 이별 발걸음 /
봄비 / 파도에 감춰진 말 / 그리움을 그리다 /
행복 씨앗 / 내 안의 영상

도라지 행복

에어컨 바람이 싫어서
창문을 여니
훅 들어오는 시원함이
가슴 스며드는 순간이다

옥상을 바라보니
보랏빛 미소 짓는 화초들
내게 웃음 지어 준다

반가움에 미소 번지고
현관 밖으로 쪼르르 달려가
휴대폰에 담은 너의 자태
하늘의 작은 별들이 피어난 듯 아름답다

"여보, 이것 좀 봐요
작년에 뿌린 씨앗들이
이렇게 많이 피었어요
참 기뻐, 이게 바로 행복인가 봐"

향기 전해 주는 내게
꽃보다 깊은 웃음 짓는 당신

먼 길 가는 아침

해외 파견을 앞둔 아침
공항에 가야 할 시간
세 살 딸아이가 보이지 않는다

남편은 잠옷 차림 그대로
창피한 줄도 모르고
골목골목을 헤맨다

내 속은 검게 타들어 가고
개구쟁이 딸은 마침내
멀리서 발견되었다

죽은 아이가 돌아온 듯
너무도 반가워
가슴 깊이 끌어안으니
생글생글 웃기만 한다

그 아찔했던 30분
인생의 가장 길었던 순간이었다
남편은 말없이
딸을 안고 머리를 쓰다듬었다

바다의 꿈

50년 지기와
해운대 바다 앞에 앉아
달콤한 꿈을 꾸는 사이
멀리서 하얀 거품을 문 파도가
소리 내며 몰려든다

푸른 물이 햇빛을 받아
보석처럼 반짝반짝
눈부시게 아름다움이 펼쳐지고
고깃배는 오늘도
힘겹게 파도 위를 통통거리며
검은 숨을 내뱉는다

차츰 거칠어진 파도는
소녀의 세상을 바다에 펼쳐
노래에 담아 속삭인다
어서 와, 파도를 타 봐

깊은 바다 무리 지은
힘찬 고기 떼의 입김일까
파도 속 아득한 외침들
출렁출렁 모래 위에 드러눕는다

같은 자리에 앉아
세월에 밀려 주름진 얼굴
서로 바라보며 말없이 웃다가
광안대교 달리는 자동차 물결에
지나온 시간을 실어 보낸다

푸른 기억들

창밖을 본다
여름밤 별들이 세월 비켜
늘 그 자리를 지키며 반짝인다

창틈으로 스며든 무수한 빛 속에
여고생들 사로잡던
남학생 트럼펫 소리가 쏟아진다

하얀 깃 나풀거리며
단발머리로 뛰어다니던 그때
귀에 넘치던 음률

대청마루에 걸터앉아
마실 나온 아기별의 눈망울
초롱초롱 빛을 실에 꿰어
목걸이 만들던 푸르렀던 사춘기

늙지 않는 별은 여전히 푸르다
신비로 가득한 우주
어둠 속에 박힌 별들이
지금도 초롱꽃으로 무수히 피어난다

콩깍지 주름

벌어진 입술이 소쿠리 닮았다
낮잠 자는 남편의 가쁜 숨소리
콩 구르는 듯 요란하다
의사가 되어 머리끝부터 발끝까지
세밀하게 한참 살핀다
주름과 검버섯들
옛날 그 멋진 모습은 어디에 두고
콩깍지 주름 가득할까
고맙다 참 고맙다
이 얼굴에서
내가 뺏은 웃음이 몇 자락일까
찌릿함에 눈시울 뜨거워진다
얼마의 무게로 감싸 줘야 할지
가만히 손 잡아 주며 심장 소리 듣는다
꿈에서도 일을 멈추지 않는지
옆으로 돌아눕는 모습이
무엇을 짊어진 채 걷는 듯하다
사랑으로는 부족하겠지
그보다 더한 삶의 무게를 거둔다

수표교(水標橋)

한낮 폭염 속
장충단 공원을 걷다가
수표교 다리 위에 멈춰 선다
수양버들과 사과나무
줄지어 선 다양한 나무들
낯익은 손짓으로 맞이해 준다
물 높이를 재던 고요한 다리에
흘러가 버린 역사의 숨결과
물 흐른 자국 찾아본다
정월 대보름 밤
조선 백성들이 답교놀이로
다리를 밟았다는 그곳
일 년 내내 건강한 다리를 꿈꾸며
한 번쯤 체험해 보고 싶은
역사가 숨 쉬는 돌다리
제18호 수표교 아래
시원한 물소리가 귀를 적시며
혼란한 정신 상쾌하게 씻어 내린다

비 그친 오후

비가 그쳤다
창가에 흐르던
그대 흔적도 함께

젖은 가지 사이로
햇살이 배어들고
골목에 물웅덩이만 남았다

걸음을 멈춘 곳
한 번쯤 돌아봤을 자리

비 그친 오후
그대 지우기엔 너무 젖었다

수국동산 2

맑은 아침 수국꽃 사이로
햇살이 스며들면
꽃잎마다 물빛 미소가 번져요

당신의 얼굴을 닮은 파란 꽃잎들
하나하나 손끝에 닿을 때마다
당신 손을 잡는 것 같아요

바람이 스쳐 지나가는 이 동산
당신의 향기가 실려 와
내 주위에 머무네요

한 걸음 한 걸음이
우리의 추억을 다시 밟는 듯해요

이곳에 서면
늘 당신이 내 옆에 있는 것처럼
나의 숨결 속에 함께합니다

여전히 수국이 나를 바라보네요

차가 식어 갈수록

창밖에 가을비가
속삭이듯 내려요
그 빗소리에
엄니 생각이 스며듭니다

따뜻한 차 한 잔
그 향기 속에 엄니의
미소가 아련히 떠오르네요

어쩌면 좋을까요
차에 그려진 엄니의 얼굴이
언제 사라질까 두려워
차마 입에 대지 못합니다

차가 식어 갈수록
그리움은 더욱 짙어지고
보고 싶다는 마음은
비처럼 흘러내립니다

엄니, 저도 엄마입니다

초고속 열차에 몸을 싣고
엄니 곁으로 달려간다
창밖엔 아득히 보이는 산과 들
엄니의 체취가 아른거린다

눈 감고 지나온 날들 떠올리니
늘 받기만 했었다

이제 엄마가 되어
내 자식들을 돌보지만
여전히 엄니 곁에서 공부하며
그 사랑을 다시 받고 싶은 걸까

엄니가 사는 전원주택이 다가오고
가슴 또다시 설렌다
기도와 글씨 연습을 하시는
아흔이 넘은 어머니

헤어짐이 다가올 그때
난 무슨 말을 할 수 있을까

만나기 전에
벌써 이별을 생각하는
그 나이가 되어 버린 나
단절의 냉혹함이 삶의 굴레다

「기다림」

이별 발걸음

김이 오르는 찻잔에
어머니 얼굴이 그려집니다
인생의 깊은 여정에서 만나고
헤어질 때마다 어머니는
눈물비 흘리신다지요
언제나 헤어질 때면
한참을 바라보기만 합니다
돌아서는 걸음이 떨어지지 않아
눈물 먼저 흐릅니다
어머니 손때 묻은 텃밭에
감국이 정겹게 피어
사랑스러운 향기를 전해 줍니다
언제나 긍정적이고 선한
그 미소가 참 정겹습니다
어머니 늘 사랑합니다
부디 이승에서 만수무강하시고
황혼길 여행은 천천히 가시길
간절히 바랍니다

봄비

주룩주룩
메마른 대지를 적신다

똑, 똑, 똑
떨어지는 소리

고요한 울림에
내 안의 그대를 불러내어
젖은 골목을 함께 걷는다

비가
그치지 않았으면 좋겠다

파도에 감춰진 말

푸른 물결 끝자락
걸음 멈춘 파도의 선들이
수채화로 번진다

모래밭을 넓히는
눈부신 여름 속으로
자전거 타고 달리는 소녀

구름에 그리움 담아 흘러가고
바람에 실려 가는 뒷모습 따라
나는 뒤를 쫓는다

너에게 말했었는데
파도에 감춰져 너는 몰랐지
좋아한다는 그 말

그리움을 그리다

가을비에 우산 받쳐 들고
대공원 고요한 길을 걸으면
방울방울 씻겨 나가는 생각들
인생의 의미를 묻는다

백세시대에 칠순을 넘긴 세월
손에 쥔 채 조용히 흘러가고
걸음마다 쌓인 알찬 시간이었다

품을 떠나 살아가는 자식들
행복을 찾고 있는 그들이 있어
참 다행이지만
가끔 보고 싶어 가슴 저미어 온다

두 손녀의 환한 얼굴이
가득히 머물러
그리움은 늘 내 안에 펄럭거리고

자주 볼 수 없어도
이 또한 행복이란 그림 그리며
그리움에 감사하며 살아간다

행복 씨앗

남의 눈치에 익숙하여
늘 좋은 생각 채우려 노력한다

욕심 멀리 두고
남의 가슴에 상처를 남기지 않으려
진흙에서도 물들지 않는 연꽃이기를
밤을 밝히는 별빛으로 서로를 비추게 하고
그렇게 고요히 살아간다

어제는 부처님 같은 돌쇠님이
넓은 낚시터로 몇 날 며칠을 떠나겠단다

그 소리에 목가적인 풍경이 선명히 그려져
"참 멋지겠군요" 말하고 싶었지만
입에서 튀어나오는 말은
"사춘기라도 온 거요, 아니 왜 갑자기"

바늘 없이 하는 낚시는 허락하겠다고 하였으나
강태공처럼 뜻밖에 벼슬이라도 얻었을까
배꼽까지 웃는 꿈같은 모습
웃음 속에 젊음의 활기가 살아 있다

낚시터로 쿨하게 보내고 싶은 마음도 있지만
"이제 건강 생각해야 할 때가 아닌가"
말리고 싶은 마음은 왜일까
그래도 웃음은 남는다

그의 꿈을 품은 배낭에서
나를 비추는 별빛 아래서
행복의 씨앗은 진즉에 싹터 자라고 있다

내 안의 영상

바람 스치며 사랑 붙들고
솟아나는 그리움

나뭇잎 떨어져도
길 위에 남은 꽃잎은
여전히 뚜렷한 영상이다

봄이 오고 여름 지나
가을빛 스며들면
다시 삶의 숨을 고르는 겨울

살아가는 길에
순간순간 펼쳐지는 일들이

항상 내 안에 일어나는
작은 행복이다

제4부
찻잔에 스며든 저녁노을

「너만 바라볼게」

어느 산골 소년 이야기 / 무궁화 꿈 / 빗속에 그린 그림 /
색동다리 / 선의 소묘 / 날마다 새롭게 / 접시꽃 태몽 /
덩굴장미 2 / 뜨락 향기 / 지천명(知天命) / 행복 통장 /
월악산 / 찻잔에 스며든 저녁노을

어느 산골 소년 이야기

초등학교 여섯 해
소년의 아버지는 병석에 누워
가난한 가장 노릇을 했다
산에 떨어진 솔가리로 겨울을 나고
고목을 패어 장작을 대신했다
선생님의 도움으로 졸업하고
우등생으로 중학생이 되었다
불우이웃 돕기에 쌀 한 봉지씩
그것마저 내지 못했다
어느 날 여선생님은
모아둔 쌀을 소년에게 전했다
무거운 쌀 한 말을 부둥켜안고
산을 넘다 두 번이나 굴러가며
훌쩍이는 눈물과 함께 겨우 집에 도착했다는
온 식구들 귀한 쌀을 보고 둘러앉아 울었다고
그 이야기를 들은 나는
봇물 터지듯 눈물을 쏟아 냈다
"어떤 어려움도 이겨 낼 수 있다"며
자기를 믿어 보라고 한 그의 눈동자는
분명 태양 빛을 내고 있었다
그 사람은 내 운명이었다

무궁화 꿈

외롭고 쓸쓸할 때
무엇을 하고 있나요
그대 뒷모습이 보이는데

텅 빈 가슴
스미는 바람에 문을 열고
속삭이듯 다가오는 그리움
지워지지 않는 아쉬움 새겨지네

세상 변화 속에서도
사라지지 않는 그 모습
한결같이 무궁화 꿈을 꾸며
홀로 무게를 견디는 그대

우리 먼 훗날
서로가 익어 가는 그날까지
함께 걸어요
그리움이 머무는 길 위에
그림자 지워질 때까지

빗속에 그린 그림

아스팔트를 뒹구는
버즘나무잎을 밟다가
우산 받쳐 들고 멈춰 선다

곱게 물든 낙엽에
촉촉이 젖은 빗물이
내 이야기를 흘려보내 온다

그립다
그 시절의 향기 풋풋했던 모습
어디에서 찾나 했더니

비에 젖은 낙엽의 한생이
말없이 비바람에 실려
보여 주는 파노라마

그대가 있는 내 안에서
그곳으로 따라 흘러가는 그림
비에 젖어 촉촉하다

색동다리

움켜쥔 주먹을 펼쳐 보니
여러 갈래의 길이 환히 열렸다
입에 넣고 싶어질 듯한 작은 손
내 주위를 밝게 비추고
그 손이 지닌 온기가
사방 푸르게 물들인다
배밀이하던 때가 엊그제 같은데
귀염이 똘똘 말린 몸짓에 웃음 번지고
하얀 치아가 보석처럼 반짝인다
"하비, 하미" 익살스러운 말투
아장아장 걷는 걸음
공을 빵빵 차는 흉내는
어쩐지 축구 선수를 닮아 간다
양손 머리 위에 올려
사랑 표현할 때마다
가슴은 따뜻한 불씨로 타오르고
포근히 안길 때 풍기는 살냄새
어떤 꽃향기로도 대신할 수 없다
두 돌 외손녀
색동다리가 눈부시게 곱다

선의 소묘

제비인가 했더니 제비나비가
늦은 오후를 흔든다
검은 옷자락 살랑이며
앞마당 화단 위로 내려앉는다

원목 그네에 살짝 걸터앉아
허공에 그려지는 선의 소묘를
조바심으로 따라간다
검은 바탕에 빨강 무늬
묘하게도 조화로운 그 모습에
오래된 인연을 만난 듯 설렌다

나지막이 속삭이듯 너울거리는 선
'편안한 밤이 될 수 있을까'
걱정 남기고 꽃잎 위에 잠들었던 너

아우라를 느끼며
다음 날 아침 햇살에 투명하게 빛나는
꽃잎에 너를 보고 문득 생각했다
'밤새 행복했구나' 미소가 닿는 내 마음에
사랑의 선이 다가와 묶인다

날마다 새롭게

해가 거듭 들어도
여전히 스무 살 봄날

늙어 가는 무게에도
아름답다
고귀하다
들려오는 말

원숙함이 빛나는
걸음마다 새로움의 색깔
짙게 물들이는 나이

고운 삶의 품위와 향기에 젖어
사랑하고 감사하며
끝내 아름답기를

작은 소망으로 연 길
뒤따르는 걸음 밟아오기를
바람 젖은 길목에 서서
걸음을 밝힌다

접시꽃 태몽

어릴 적 마당은 초원의 전원
장독대는 햇살에 반짝이고
곁에 항아리는
붉게 핀 접시꽃과 나란히 섰다
일요일이면 씨름판
아버지는 심판이 되어
연약한 셋째, 힘찬 막내를 맞붙이고
우리는 대청마루에 걸터앉아
웃음으로 관중이 되었다
맏이로 자라서 남동생 넷을 보듬으며
여장부로 마당을 지켰다
그 시절 누나가 왜 그리 무섭던지
의문이겠지만 그땐 그게 사랑이었다
태몽에 장독대 옆에 조용히 피어난
빨간 접시꽃 한 포기였다고
멋쟁이 할머니의 해몽은
딸이 귀할 것이라 말씀
자매가 없는 외동딸이 되었다
접시꽃을 두 송이 보았다면
어린 날이 덜 외로웠을까

하지만 귀하게 자라며
동생들의 강한 누나였다
이제 장독대 곁에 접시꽃은 없지만
할머니의 태몽은 여전히 내 가슴에 붉게 피어
우리의 앞길을 환하게 밝힌다

「창조」

덩굴장미 2

햇살 여유로운 이른 아침
봄맞이하는 덩굴장미
상큼한 향기로 미소 짓는다

동지섣달 매서운 추위 견디며
얼마나 마음 졸이며 버텼을까

가지마다 돋아난 가시
손끝에 닿기 두려워
멀리서 향기를 헤아린다

너만의 아픔 새겨둔 걸까
전하고픈 이야기를 묻어 둔 걸까

바람에 흔들리며 선 너의 모습
지금 이 순간
햇살마저 눈시울 붉힌다

뜨락 향기

앞마당 재스민
살며시 열린 창문 틈으로
은근슬쩍 흘러들어 와
미세한 숨결 코끝에 적신다
두 눈 감아도 알아채지 못할 만큼
깊고 진한 은은함이
현관문을 넘나들고
꽃잎 속으로 스며들면
보랏빛 꽃잎이 드리워지고
흰 꽃은 달빛처럼 흔들린다
짹짹거리는 참새들도
나뭇가지에 앉아
풍기는 냄새에 떠나지 못하는 걸까
햇살 머금은 향이
온 마당에 깔리는 부드러움
재스민에 취한 뜨락은
그윽한 축제가 된다

지천명(知天命)

부모는 자식이 최고라네
어린 시절 집안 잔칫날엔
우리 집 '양념' 딸이라고 하셨던 아버지
붉은 장미를 그렇게 좋아하시더니
앞마당엔 온갖 꽃을 심었지
어린 마음은 풍선처럼 부풀고

붉은 장미 앞에서 사진 한 장
'부끄러워 안 찍는다 예'
'우짜겠노, 참한 우리 공주'
이제야 소리 없는 기쁨을 알아차린다

바둑판 앞에선
군이란 바둑도 할 줄 알아야 한다면서
자상한 친구가 되어 주셨다

어느 날 갑자기 내 나이 지천명에
붉은 장미꽃 속에 편히 잠드신 아버지
지금 어디쯤에서
딸의 모습을 그리고 계실까
알아보기나 하실까

행복통장

나날이 쌓이는 예금
사랑의 이자

그 안에 담긴 건
사랑의 크기

아무도 차압하지 못하는
둘만의 정표

훈훈하게 쌓아 놓은
사랑의 탑

무너지지 않게
행복통장으로 품지요

월악산

어마야, 밀지 마라
산등성이 덮친 바람에 놀란
어리석음이었구나

바람아 안기지 말아라
내 품에 쓰러지면
사랑하는 이의 눈물 산마루 적실라

춘삼월 산등성이
오색구름 마중 나갔다가
너의 시샘에 눌려
몸살을 앓고 말았구나

눈앞에 펼쳐진 충주호
내 마음 실은 유람선 흘러
물결에 부딪친
산그림자 일그러지고

말 타듯 바위에 앉아
물속에 잠긴 산봉우리와
깊은 고요에 젖는다

후회 없는 이름 남기려
바람 안고 읊은 시구
손가락 세워 지그시 눌러 본 너럭바위
산새가 먼저 읽고 달아난다

「호반」

찻잔에 스며든 저녁노을

서해 바닷가 작은 찻집
밀려온 파도 소리가 찻잔을 흔들면
발끝에 밀려든 물결이 나를 조용히 감싼다

가쁜 숨 몰아쉬며
거친 물보라 이겨 내는 고깃배들
거칠고 팽팽한 근육엔
얼마나 투박한 날들이 스몄을까

몰아치는 세파 속에서 수없이 주저앉았던 나
주먹에서 흘러내린 모래처럼
잡을 수 없는 것들이 하나둘 빠져나간다

저녁노을이 찻잔 속으로 스며들고
따스한 온기 가슴에 닿을 때 문득 떠오르는 슬픔들
어느 하늘 어느 길목으로 저물어 갔을까

바다는 말없이 노을을 삼키고
식어 가는 빛깔만큼 받아 든 위로
멀리서 들려오는 파도
머리끝에 내일의 춤사위 펼쳐진다

제5부
사랑, 그 뒷모습

「순결」

기다리는 봄 / 들꽃 / 봄이 오는 소리 / 걸으며 생각한다 /
사랑은 빛나 / 우리는 / 젊음을 부른다 / 감사의 하루 /
행복을 담다 / 감자 / 손가락 이야기 / 부부의 날 /
사랑, 그 뒷모습 / 솔밭 산책길 / 경비행기의 추억 /
길 잃은 구두 / 당신에게

기다리는 봄

동장군 칼바람에도
사진작가는 팔당의 단골손님
고니의 낙원에 푹 빠져
날개 밑을 그린다

입춘이 지났건만
아직도 풀리지 않은 얼음장
언제쯤 곱게 화장하고
눈웃음 지으며 오려나

그대 오시는 길
버티고 선 동장군에
망설이는 걸음인지
다가온 우수에도 꼼짝 않는다

그래도 오시겠지
꽃 소식 설렘으로
고운 빛 단장하고
산들바람 타고 오시겠지

들꽃

들길 따라 걷다 보면
돌 틈에 피어난 작은 꽃
소담한 미소가 보이지

바람에 살랑거리는 모습
잔잔한 울림이
근심 걱정을 잊는다

풀잎 사이로 스며드는 햇살
코끝을 간질이는 흙 내음
바람에 실려 든 새들의 노래
오감을 깨운다

삶의 고단함에서 피어나는
작은 희망의 불씨
꿈틀꿈틀 뜨겁게 일어난다

들꽃에 회로가 있을까
가만히 땅을 짚어 보니
따뜻한 열기가 전해 온다

봄이 오는 소리

많이 걸었지, 낯선 길
많이 돌아봤지, 익숙한 나날
많이 나누었지, 온기의 사랑을
많이 감사했지, 스쳐 간 인연들

우리의 삶 어디쯤 머물다
어디에서 멈출지 몰라도
작은 행복이 피어나고
그리움도 꽃잎으로 피어나지

좋은 인연은 바람이 되고
행복은 빛이 되어
아프지 않기를
흔들리지 않기를
소망 그릇에 담아 본다

봄의 소곤거림에
조용히 귀 기울이며
우리는 다짐하지, 서로에게
활명수가 되어 기운을 나누자고

걸으며 생각한다

끝없는 흙길을 걷는다
발길에 스며드는 바람이
걸음을 흔든다

걸으면 걸을수록
두 발은 감사의 무게를 느끼고
흔들리는 나뭇잎 사이로
나직이 부르는 이름

이 길을 무엇에 비하랴
흐르는 강물인가
한 줌의 바람인가

저녁노을에 물든 사색
구불구불한 길 위에 찍어 가며
끝없이 묻는 주홍빛 물음
어디가 시작이고 끝인가

사랑은 빛나

사랑은 기쁨과 행복의 샘
이해와 용서로 위안을 주는
뜨거운 품이네

잘못을 감싸안고
아름답고 순결한 자태로
영원히 타오르는 불꽃이네

어려운 이들을 아끼고
소중히 여겨
삶을 풍요롭게 채우네

끝없는 배려심
따뜻한 손길로 감싸
설렘과 행복을 선물하네

사랑은 정신을 풍요롭게 하며
영원히 빛나는 등불이 되어
삶의 길을 이끌어 주네

우리는

신록을 바라보며 살아 움직이고
지혜로운 웃음으로
긍정의 결과를 맺는다
알면서도 실천하고
모르면서 아는 것처럼 행한다
허무함을 마주할 때면
시간과 사랑을 그리워하며
감사하게 살아가고
배려 속에서 행복을 찾는다
깨달음을 쌓으며
꿈을 향해 나아가고
성취의 기쁨 속에서
멋진 꿈을 향해 도전한다
우리는 삶을 사랑으로 피워 낸다

젊음을 부른다

꽃길을 걷고 또 걷다 보면
외롭지 않은데 흐름의 시간이
문득 가슴을 적신다

아쉬움이 스며들고
쓸쓸함이 밀려오는 건
무엇 때문일까

봄은 다시 오건만
지나간 젊음은
돌아오지 않으니

꽃바람 타며
하루하루 지나가고
미지의 시간으로 흘러간다

잊지 못할 그때 그 시절
다시 제자리 돌아갈 수 있을까
꽃은 저렇게 피었는데

감사의 하루

또 하루 성찰의 문을 열며
불필요한 말을 지운다

땅에서 생명의 귀함을 배우고
귀천 없이 품어 주는
겸허한 자세로 감사하며

비움의 지혜를 알고
막힘없이 살아간다
쓸모없는 건
멀리 흘려보내자

온 누리에 따뜻함을 전하여
지워야 할 것은 지워야 하고

그늘이 있으면 쉬고
새들도 가지에 잠시 머물 듯
욕심 비우고 감사함을 알자

또 하루를 고개 숙여 보내고
내일의 그림을 그린다

행복을 담다

소리 없이 날아든 봄빛에
화분 위에 곱게 핀 앵초꽃
작은 별빛 위에 흰나비
새벽 구름이 내려앉은 듯
망설이며 날개 떨친다
어쩐 일일까 윙윙 벌 한 마리
날갯짓 대신 윙크를 보내온다
"널 생각하며 왔어"
은빛 무대 펼치며 춤추다가
무슨 말 주고받는지
꽃잎에 맺힌 이슬처럼
말없이 시간을 비춘다
나비는 소나기처럼 스쳐 가고
벌은 홀로 꽃을 맴돌다
작은 그리움 쌓는다
바람결에 흩날리는 날
우두커니 앵초꽃을 바라보다
내 안에 행복 가득 담는다

감자

감자 하나를 더 담아 주었지
소박한 접시에 말없이 놓인 정

알아요
왜 그랬는지

예민한 입맛
내가 좋아하는 음식이란 걸
그대는 알고 있었죠

그 마음
정성스러운 배려
두고두고 사랑으로 남을 거예요

손가락 이야기

장갑을 끼면 들리는 소리
엄지야, 너희 집은 어때
응, 두 마디라서 편해
검지, 중지, 약지
새끼손가락은
세 마디가 있어 힘도 세고 좀 까다롭지
아이고,
중지는 결혼반지가 있어 자랑이어라
대체로 비좁고 갑갑하지만
안전하게 보호받으니 고맙지 뭐
빛이 드는 곳으로 나가게 되면
그때는 우리 모두
밝은 희망을 손에 쥐고
힘차게 악수하자

부부의 날

사랑이라는 밧줄로 묶어
세상을 함께 걷기로 한 날
천지 만물의 축복은 우리만 비췄지요
굳게 손잡았던 그날
내 안엔 봄빛 스며들고
당신 눈빛 속엔
나를 향한 불빛이 활활 타올랐지요
반백 년 이룬 약속이
시간의 다리를 건너 단단해지고
가빴던 숨결은 꽃이 되어
둘 사이에 맺힌 씨앗 옹지를 품었지요
세월이 누구 먼저 데려간다 해도
그 길까지 당신 편
그 안에서 일어난 영원한 믿음
바위에 눌려도 깨지지 않고
하나의 이름으로
하나의 사랑으로
영원토록 한 곳을 바라보는 여행자
우리 인연의 끈 아무도 풀지 못하지요

사랑, 그 뒷모습

나의 세계를 펼치는 작업실
그동안 그린 그림들 정리하며
하나하나 만족감을 얻는 작품의 진가
혼자만의 기쁨에 빠지는 이 행복 그 어디에 비할까
설레며 하나씩 그린 그림
완성도에 느낀 보람은 혼자만의 자만일까
손끝에 쌓인 추억
미련처럼 작품에 빠져 15년이 지나갔지
전시를 위해 작품을 준비하는 날
가슴이 벅차 저절로 눈물이 났다
한결같이 묵묵히 지켜보던 남편
전시장에 앞장서서 힘든 기색 없이 마냥 즐거워했지
당연히 취미 생활이라 하고
그동안 몰랐던 일들에 만감이 교차하여
서로 가슴 뭉클한 걸까
친구처럼 연인처럼 살아왔는데
때로는 미워하기도 했지만
산다는 건 다 이런 게 아닐까
마주 보지 않아도 곁에 있는 듯 말 건네는 그런 사이
서로의 쓸쓸한 뒷모습에도
고마움 알고 살아가면 되는 거지

솔밭 산책길

온화한 봄바람 품고 거닐다가
벤치에 앉아 소곤소곤
살아온 이야기 나눈다
다시 걸어 서풍 어깨에 얹고
눈부신 햇살 받으며
따스한 온기를 안긴다
계절을 전하는 꽃들
참새 까치 무리 지어 날아오르며
축제인 듯
서양화 한 폭을 그려 준다
삶이란
존재의 가치를 알아가는 것
좋은 모습으로 서로 살찌우고
무탈함을 바라며 깊어 간다
가끔 푸념도 하며
서로에게 만족의 깊이를 남기는
산책길이 청춘을 재현한다

경비행기의 추억

고소공포증 안고 부부 동반 여행
필리핀 마닐라 공항에서 보라카이로
조그만 비행기에 오르며
개인 소지품과 함께 체중을 재어
몸무게 따라 정해진 자리 가벼운 나는 꼬리 쪽
맨 뒷자리에 앉아 좌불안석
남편은 낯선 여인과 중간에 앉았지
날 바라본 그녀가 말했다
"자리 바꿔요, 불편하시죠"
망설이지 않고 남편 옆자리로 옮겨
안전벨트를 단단히 매었는데 잠시 후 승무원이 다가와
몸무게 기록을 확인 제자리로 가게 했지
눈치 없이 조금 후에야 알았네
비행기 균형 때문에
작은 몸짓 하나에도 기체가 흔들린다는 말
기내엔 웃음꽃이 피고 긴장도 사라졌지
낯선 이와 주고받은 배려로
독수리 마냥 하늘로 나는 힘든 여행
이국의 하늘에서 잠시 떨어졌던 일은
따스한 추억으로 남아
지금도 마주 보며 웃음 나누지

길 잃은 구두

갈색 하이힐 꺼내 신고
발걸음도 가볍게 집을 나섰다
구두에 어울리는 핸드백과 모자까지
약속에 앞서 달렸지만 갑자기 걸음이 휘청
한쪽 굽이 덜렁거리기 시작했다
조심스럽게 걸어도 악어 입처럼 벌어지는 구두
빙판을 걷는 듯 다리는 후들후들
식은땀이 줄줄 흐르고
발로 툭툭 쳐 보아도 소용이 없다
조급함에 불안하여
어쩔 수 없이 구두를 벗어 들고
집으로 향하는 길
힐끗힐끗 쳐다보는 사람들의 시선이
내 발끝에 머물렀다
며칠을 기다려 온 외출에 더 멋지고 싶어서
굽 높은 하이힐을 골랐는데
공개된 부끄러움, 부도난 약속
친구들은 점점 멀어졌다
고이 모셔둔 정성이 넘쳐 길을 잃어버린 구두
간혹 만나는 우정을 탓하는 걸까
쓸데없이 만들어진 건 하나도 없나 보다

당신에게

진정 하고 싶었던 말
어떤 말이라도 편이 되어
"맞다"고 거들어 주었더라면
참 고마웠을 텐데요
목석같은 그 모습
기린 목 큰 키에 테너 음성
심장은 늘 덜컥거렸지요
고정관념 울타리 고집
안동 김씨 양반 기질
집안일은 맏며느리 내 몫이었고
답답한 날들이 많았어요
어느 날 술에 취해 내 이름 부르며
"미안하다, 미안하다"
목이 메어 되뇌던 그 말
코끝이 찡했어요
언제부턴가 공주처럼 대접받는
기분으로 행복하게 살고 있네요

〈해설〉

아름다움을 통해 삶을 이룩한 미학의 언어 찾기

「가족」

이오장(시인, 문학 평론가)

〈해설〉

아름다움을 통해 삶을 이룩한 미학의 언어 찾기

이오장(시인, 문학 평론가)

아름다움은 무엇을 말하는 걸까. 사물은 본래의 모습으로 있을 때 아름다운 것인데 현대 과학 문명은 존재하는 모든 것을 인식 혹은 기술의 대상인 사물로 만들었다. 신과 사람이 만들어 낸 모든 것은 특징이 있으며 특징은 존재마다 다르고 그 다름이 그만의 아름다움을 만들어 낸다는 것이다. 아름다움은 보는 것만으로 그치지 않는다. 삶의 전체를 통틀어 보고 듣고 먹고 모든 생활에 포함된다. 사물이 각각에서 발현되는 아름다움은 다르게 나타난다. 이것이 존재 드러남의 아름다움이다.
　현대 사회는 아름다움을 보지 못하고 그 자리에 소유와 인식의 대상만이 남아 아름다움의 대상이 사라졌다. 이런 와중에 시의 아름다움을 펼친다는 것은 실로 어렵다. 현대인의 인식을 따라가지 못하게 되고 시를 포기하는 원인이 되기도 한다. 사물을 대상화하는 시대에 사물의 아름다움을 드러내는 일은 곧 존재의 의미를 드러내는 행위로 시인이 시를 쓰게 되는 원인이 된다. 그러므로 시인의 언어예술은 가장 탁월한 존재 진리를 드러내는 길이다. 이 길은 언어를 통해 만나고 드러남의 형상을 통해 다른 형태로 재현

된다.

　사유는 시의 출발이며 시는 어떤 사유의 결과로 시인과 사유하는 사람은 본질적인 행위를 통해 인간 존재가 지닌 일상적 이해를 드러내며 이끌어 간다. 그리고 사물의 아름다움을 언어로 표현한다. 시대를 잊어버리게 된 역사 이전의 체험을 상상하고 인간으로 하여금 기술문명이 가려 버린 성스러움과 진리를 다시 경험하게 만드는 것이다. 그러나 존재의 이유와 아름다움을 묻는 시인들에게 독자들의 답은 한결같은 무응답이다. 현대의 심성과 특성을 버리지 못하는 것이다.

　김임생은 아름다움에서 삶의 걸음을 시작하여 아름다움을 통해 삶을 이룩하는 미학의 시인이다. 인생이나 사물의 모든 본질과 형태를 아름다움에서 찾아낸다. 방대하지 않으나 삶에 관계되는 전부가 대상이 된다. 부모 형제의 존재와 인생 동반자와의 동행 길, 사회 구성원의 성격과 사람이 사용하는 모든 물질의 형태를 그려 내기도 하고 꿈꾸듯 나래를 펼치면서도 아름다움을 잃지 않는 순수의 절정을 그려 낸다. 때로는 어두운 밤과 가난한 시대를 조용히 되돌아보면서…….

1. 사랑의 불길을 일으키는 예술성 길 찾기

　김임생 시인의 시 쓰기 위한 동기는 태생적인 예술성에 있다. 무엇이든 아름답게 바라보는 순수의 기질로 그림을 택하였고 언어예술의 길을 자연스럽게 따랐다. 개인적인 슬픔이나 분노, 절망과 희망, 생활의 비관이나 활력 등 수

많은 동기가 있으나 대부분 사물에서 얻어지는 것을 보면 이해가 된다. 희로애락의 인간사를 논하기도 하고 지식에 의한 사물의 근원을 파헤친 교육적인 것에서부터 사회와 단체의 정황을 타파하려는 의도를 보이기도 하는데 어느 것을 동기로 삼았다 해도 시적 발상은 넘친다. 아는 만큼의 원인을 설명하거나 개인적인 고민이나 갈등은 배제하고 사랑의 불길을 일으키는 가장 아름다운 길을 찾아간다. 그 선택의 폭이 과하지 않으며 이미지를 이어 가는 힘을 사물에서 찾아 사소한 일상을 그려 내어도 누구나 수긍하는 예술성을 나타낸다. 생의 후반부에 접어들어 첫 시집을 상재하지만, 작품 전체가 자연스럽게 흐름을 이어 가는 친근한 매력이 있다.

봄비가 오락가락
땅이 빛나는 축복의 시기에
가벼운 이삿짐 들고 거리를 헤매는 젊은이
꽃빛 시절을 집 찾기로 보낸다
빌딩으로 채워지고 산비탈 허물어 지은 집이
숲을 이룬 도시에서
내 집 한 칸을 꿈꾸지 못한다
지붕 없는 서러운 삶
피부에 닿는 공기에 움츠러들고
희미한 별빛에도 추위를 탄다
건강한 신체와 정신이 로또를 꿈꾸게 하고
망상의 그림 그려야 할 모순된 세상
용감하게 나섰지만 지붕 밑에서 멈췄다

모자라도 쓰면 다행, 젖은 밤이 두렵다
놓친 결혼 적령기를 잊고
굳게 쥔 주먹 풀어 버린 청춘들
포기하고 살아야 할 고달픔에
뼈 없고 집도 없이
민달팽이 신세가 된 거리의 미아
컨테이너 하우스 앞에 머뭇거린다
- 「민달팽이」 전문 -

 민달팽이가 집이 없는 것은 살기 위한 수단이다. 삶의 방법을 가볍게 하려고 무거운 집을 버린 극기의 방법을 택하였다. 집을 지고 다니는 달팽이는 집의 굴레에 갇혀 이동이 불편하고 오히려 천적의 공격 대상이 되지만, 민달팽이는 드러냄으로써 공격을 피한다. 그러나 연약하기 그지없어 작은 충격에도 견디지 못한다. 집 없는 설움은 피할 수 없다. 사람도 마찬가지다. 기본 생존 수단인 의식주에서 중요한 집을 가지지 못한다면 자연재해는 물론 사회 구성원으로서의 행세가 어렵다. 다른 방향에서 보면 연약하게 보이고 집단공격의 대상이 되기도 한다. 김임생 시인의 관찰은 이것을 비껴가지 않았다.
 성인이 되어 가족을 이루는 사람들의 집 없는 설움은 개인의 능력과 어떤 피치 못할 사정이 있다고 하지만, 젊은 한때 청운의 꿈에 부풀어 공부에 열중하여도 기거할 집이 없는 설움은 크다. 비 내리는 밤에도 거리를 헤매고, 눈보라를 피하지 못하는 사회 병폐, 빌딩과 우후죽순으로 치솟는 아파트 단지가 많은데도 왜 집이 없는지. 시인의 아름다움은 사회를 이해하려는 타고난 마음씨에서 일어나므로 더욱 슬프다. 더구나 그런 젊은이들이 많아진 현 사회의 문제점을 풀지 못하는 것이 안타깝다.

젊으나 늙으나 꼭 필요한 존재
활기 줄어든 나이가 되어
거북이처럼 느려도

삼식이 투정해 본 적 없는
그대는
내 곁에 머물고 있는 태양이다

건강을 위한 등산
가족을 위해 부지런히 챙기고
활력을 가꾸는 사람

삶의 끝을 보지 않고
석양빛에 물들지 않기를
바라는 것처럼

기력 없고 늘어진다면
자연으로 저물어 갈 낮 전등
그 불빛에 내가 없을 테니까
- 「낮 전등」 전문 -

삶에 동원되는 여러 물품 중에서 의외로 필요하지 않은

것들이 많다. 사용처가 분명하지 않고, 그 자리에 있으나 존재가치가 없는 것, 그러나 없어서는 안 될 필수품은 곳곳에 널려 있다. 심지어 국가의 필수 인원인 국회의원들까지 이 범주에 들어가는 현실에 실소가 나오기도 한다. 기도처에 밝혀진 대낮의 촛불, 낚시터에 뿌려지는 미끼, 버스정류장 한편에 놓인 광고판, 밥상 위에 오른 물그릇 등 많은 것들이 필요 없으나 항상 보이는 물품이다. 낮 전등은 북한에서 처음 사용된 말로 있으나 마나 한 것을 말한다. 훤한 대낮에 밝혀진 전등은 햇빛에 묻혀 존재가치가 무의미하다.

우리 사회에서는 실제로 사용되지 않지만, 은퇴 후 집에서 빈둥거리는 남자들을 지칭하는 은어로 받아들여 이를 사랑의 감정으로 풀어내었다. 가까운 등산로에 가 보면 알 수 있는 은퇴자들, 어엿한 가장들로 평생 가족을 위해 헌신하고도 출근하지 않는 시기를 맞아 소외감을 느낀다. 이제는 낮에 밝혀지는 등불로 인정받지 못하지만, 시인은 평생 가족을 위해 헌신한 가장의 공로를 최고로 인정한다. 누가 뭐라든지 삶의 전부였다고, 젊으나 늙으나 꼭 필요한 존재로 언제나 태양이 되어 집안을 밝혀 준 기둥이었다고, 은퇴 후에도 있어야 하고 보이지 않아도 느껴야 하는 존재가 남편이라는 것을 확인하며 기력이 떨어지고, 자연으로 돌아갈 '낮 전등'이라 하지만 그 불빛이 없었다면 자신도 없었다는 최고의 사랑을 고백한다.

어머니 놀이터
평생의 삶이 묻어 있는 자국
꽃보다 즐겁게 해 주는 채소

가슴에 조용히 스며들어 온다

삶의 질을 높여 즐겁기만 하셨는데
이제는 거동이 불편해서
주인 잃은 텃밭이다

어머니의 체취
손길 닿은 곳마다 쌓인 그리움
고랑마다 잡초만 무성하다

"이승에서 먼 나라 소풍 갈 때까지
근력을 유지하는 것도 복이다
왜 이렇게 오래 사나"
자책하는 모습에 뭉클해진다

한 번 가면 돌아올 수 없는
하나뿐인 생명인데
황혼길 가꾸는 것도 어려운가 보다
- 「텃밭」 전문 -

    사람의 삶에는 모든 기초가 존재한다. 집 지을 땅, 논밭을 일구는 땅, 사냥의 땅, 사랑의 땅, 땅이 없다면 아무것도 이룰 수가 없으며 생명의 뿌리도 땅에서 돋는다. 텃밭은 집 안에 있거나 집과 가까운 곳에 있어야 한다. 터의 기본이 존재물의 기초이므로 텃밭의 기본은 먹거리의 시작이다. 지금의 청소년들은 텃밭의 존재감을 모른다. 경험을 못하였으니 당연한 결과지만, 자연을 잃어 가는 사람들의 이기심을 무엇으로 고쳐야 할지. 시인은 그런 기초적인 텃밭의 원형을 어머니로 표현한다. 삶에서 필요한 것들은 텃밭에서 이뤄지지만, 태생의 원형은 어머니라는 신념이 강하여 생명의 원천으로 품고 산다.

　어머니는 볼 때마다 텃밭에서 무엇인가를 가꿨다. 날마다 먹는 음식으로 변하여 식구들의 입속에 들어가는 것을 보며 자신을 희생하였다. 영원히 그럴 줄 알았던 어머니가 이제 텃밭에도 들어가지 못하는 늙음을 지녔다. 자식으로는 이보다 큰 절망감이 없다. 어머니 어깨에 매달리고 싶어도 어린 시절의 어머니가 아니고 자신도 이제는 할머니로서 삶을 갈무리하는 때다. 풀 한 포기 흙 한 삽에도 체취가 가득한 어머니의 모습을 언제 다시 일으켜 세울 수 있을까. 이승에서 먼 나라로 소풍 갈 때까지 근력을 유지하는 것이 복이라며 자식들을 위로하는 어머니를 보면서 시인의 가슴은 무너진다. 텃밭을 가꾸듯 생명을 가꿀 수 없는 것인지. 하늘에 가득 효심의 불꽃 피운다.

2. 체험을 관찰하고 자신의 개념을 이해하는 행복한 시 쓰기

　아름다움은 어디에서 오는가. 산과 들, 꽃과 풀, 구름과 새 등등 자연에서 모든 것을 발견하는 것은 누구나 같을 수밖에 없다. 보고 듣고 느끼는 것은 동일하기 때문이다. 김임생 시인은 삶의 일상에서 보고 느낀다. 피부에 닿지 않은 내면의 움직임과 사유의 결과에서 찾은 자아를 깨우쳐 시적 발상을 일으키고 외적 아름다움을 더하는 자아의식 찾아가기다. 여기에서 자신이라는 것을 객관적으로 증명하지 않는다. 단지 사람들이 시인과 관계 맺는 능력을 보여 준다. 자신의 존재와 개체 속에 있는 조직적 언어 기능이 있기 때문에 다른 사람과 관계를 맺을 수 있다는 것을 작품마다 펼치는 데 능숙하다. 자신을 이해하기 위해서 경험을 관찰하고 자신의 개념을 이해시키는 시 쓰기, 무엇인가를 생각하는 존재로서 어떤 일을 실제 행하고 있는지를 보여 준다. 여기에는 평생을 함께한 동반자의 사랑이 넘치고 사람이 추구하는 행복의 일상을 넉넉하게 보여 준다. 삶을 직관하며, 느끼며, 행동하는 통일체로서 자신을 경험한다.

연잎을 보며 거닐던 세미원
시원하게 내리는 사랑비에 젖는다

맺힌 수정 물방울 가득 담았다가
쏟아내며 인사를 반복하는 연잎
무엇을 비우는 걸까

소나기에 젖은 꽃봉오리
잔잔한 물결 수평으로 모여
그치지 않는 연꽃 미소 따라
걸음 멈춰 듣는 사랑의 속삭임

우거진 미루나무 그늘 아래
벤치에 여유롭게 앉아서

순수한 자태로 활짝 웃는
연꽃 인연 사색의 끈으로 묶는다

진흙 속에서 자라 온화하게 피는
청결함과 고귀함 닮아
연등 밝힌 빛 온몸으로 품는다
- 「연꽃을 품다」 전문 -

사랑은 모든 것을 대변하고 전부를 말한다. 죽음으로까지 이끌어 가기도 하고 생명의 힘을 일으키게도 하는, 삶의 전부가 사랑이다. 사랑의 존재는 자신의 내면에서 일어나 신체 전부를 감싸고, 그것도 모자라 영혼까지 동원한다. 만약 사랑이 없는 삶을 살라 하면 고개를 끄덕거릴 사람이 몇이나 될까. 그런 사람 중에 유독 시인의 사랑은 돋보이는 존재다. 사랑이 없다면 과감하게 못 살겠다고 선언할 만큼의 깊은 가슴을 가졌기에 행복하다. 연꽃은 진흙에서 자라지만 가장 고귀한 꽃을 피우는 깨우침의 꽃이다. 비움의 꽃, 말씀의 꽃, 지혜의 꽃으로 부처의 가르침을 대변하기도 한다.

시인은 부부 동반으로 세미원 연꽃 앞에 섰다. 소나기 젖은 채 물방울이 고이면 고개를 숙여 비우는 연잎의 생태에서 삶의 방법을 보았고, 잔잔한 물결이 수평으로 모여 화려하게 웃어 주는 연꽃을 마주했다. 우거진 미루나무 그늘 아래에서 순수하게 맞아 주는 꽃의 미소에 인연의 끈을 확인한다. 여태 살아온 인연이 필연인 줄 알았는데 전능자의 뜻이었다는 것을 연꽃에서 읽고 만남의 삶을 돌아본다. 거기에는 수많은 우여곡절이 있었으나 질긴 끈으로 묶인 인연은 어떠한 것으로도 끊지 못한다는 것을 확인한 것이다. 사랑은 모든 것의 우위에 있는 삶의 최고봉이다. 그러나 시간이 지나면 잃어버리거나 자책으로 여기기도 한다. 시인은 다르다. 연꽃이 가리키는 사랑의 길을 어떤 어려움이 닥쳐도 고수하겠다는 처음의 결심을 잊지 않는다.

앞마당 모감주나무 그늘에
낡은 원목 그네

따뜻한 감국차 한 모금에
깊은 향이 번져 나간다
향기에 스며들어
한구석을 파고드는 그대

가슴 언저리부터
잔잔히 흔들린다
보고 싶어 타는 그네
나지막이 흔들흔들

그리움 지우는 서늘한 바람
가슴을 스쳐 지나간다

오를 때는 이름을
내려올 땐 모습을
번갈아 그려 놓는 그네

제자리 떠날 줄 모른다
-「그네」전문 -

　어느 순간에도 행복을 유지하는 사람은 없다. 금방 웃으며 보내다가도 갑자기 심경의 변화를 겪고, 주위의 영향에 급변하여 평정심을 잃는다. 아침과 저녁이 다르고, 오늘과 내일이 다른 삶, 그것이 정신을 가진 사람의 특성이다. 특히 사랑의 감정은 더욱 요란하여 앞과 뒤가 다르고 한 걸음 옮기면서 좋았다가 틀어지기를 반복한다. 결국 사랑도 천국과 지옥을 오가는 모순의 심경이다. 그네는 움직이는 놀이기구다. 올라가고 내려오며 내려오고 올라가는 유동의 율동에서 희열이 나타나고 더 높이 더 멀리 나가려는 욕구가 생긴다. 그러나 한계 지어진 끈에 묶이는 제약이 있다. 일정한 길이와 넓이에서만 움직이며 그만큼의 욕구만 얻는다. 최고의 기쁨이 최고의 낙담으로 이어질 수 있는 역기능도 있는 것이다.
　김임생 시인은 사랑의 행복을 그네에서 이뤄 낸 행복 전도사다. 한계 지어진 그네의 끈을 감국차의 향기로 변할 수 없는 사랑의 끈을 한계 없이 늘리는 묘기를 부린다. 사랑의 감정으로 뭉쳐 한 가정을 이뤘다고 해도 영원하지 않을 수도 있고 길게 이어 간다 해도 잦은 불화가 생기는 것이지만, 시인의 가슴은 감국차보다 향기롭고 움직이는 그네보다 안정적이다. 스며드는 서로의 호흡에 맞춰 공기를 가르고 하늘거리는 그네의 움직임에서 어느 사람이 행복을 전달받지 못할까. 사소한 일상 같지만, 행복을 이어 주는 그네의 율동을 읊은 시인의 가슴이 따뜻하다.

벌어진 입술이 소쿠리 닮았다
낮잠 자는 남편의 가쁜 숨소리
콩 구르는 듯 요란하다
의사가 되어 머리끝부터 발끝까지
세밀하게 한참 살핀다
주름과 검버섯들
옛날 그 멋진 모습은 어디에 두고
콩깍지 주름 가득할까
고맙다 참 고맙다
이 얼굴에서
내가 뺏은 웃음이 몇 자락일까
찌릿함에 눈시울 뜨거워진다
얼마의 무게로 감싸 줘야 할지
가만히 손 잡아 주며 심장 소리 듣는다
꿈에서도 일을 멈추지 않는지
옆으로 돌아눕는 모습이
무엇을 짊어진 채 걷는 듯하다
사랑으로는 부족하겠지
그보다 더한 삶의 무게를 거둔다

- 「콩깍지 주름」 전문 -

부부가 만나 한생을 보내는 기간은 대략 40년이다. 옛날에는 일찍 결혼하여 70대까지 산다면 50년이 훌쩍 넘어 동반의 길을 갔지만, 현대는 늦게 만나도 일찍 헤어지는 경우가 많아 40년을 함께 산다는 건 쉬운 일이 아니다. 하지만 사랑하지 않는다면 길거나 짧거나 더 가치가 없는 것이다.

오래 살수록 더 가까워지고, 서로를 내 몸같이 아껴 주지만, 그만큼의 시간의 무게를 지녀야 한다. 은혼식, 금혼식, 회혼례를 차곡차곡 이뤄 가는 부부는 그래서 이채롭다. 여기에 그윽한 사랑의 눈빛이 변함없이 더해진다면 삶의 가치는 영원히 기념해야 할 보석이다. 시인이 그 길을 걸어간다. 최고의 행복 최고의 가치로 최고의 천국을 만들어 가며 다른 사람의 모범이 되는 사랑의 삶을 이뤄 가고 있다.

오래 살아갈수록 모습이 변하고 행동이 굼뜨고 마음에 들지 않지만, 그럴수록 더 애틋하게 감싸는 시인은 시대의 정당성을 사랑으로 말한다. 이제는 늙어 낮잠을 자는 모습이 일그러졌지만, 그것마저 아름다움으로 감싸며 행여 건강을 잃지 않았는지 살핀다. 여기에 생을 함께하여 고맙다는 말을 되뇌며 사랑의 크기를 한량없이 만드는 고운 심성, 이것이 시인의 특징이고 거룩함이다. 같은 일상 속에 날마다 일어나는 바람의 기류를 하나하나 놓치지 않으면서도 사랑의 줄을 붙들고, 그보다 더한 것을 찾는 최고의 부부애, 최상의 사랑꾼, 이보다 더한 아름다움은 없을 것이다.

3. 현재를 행복감으로 이끌고 미래를 낙관적으로 바라보는 힘

우리가 시청각 교육을 받는 이유는 신체 감각기관인 신경기관 운동기관 근육 등이 서로 호응하여 조화롭게 움직이게 하고 이를 이용하여 이미지와 소리를 결합, 학습효과를 높여 기억력을 증가시키기 위해서다. "인간의 기억은 선택적이다"는 말은 고통스러운 것은 떠올리고 싶지 않기 때문에 좋았던 기억만 떠올린 것으로 좋지 않은 것은 자기가 차단한다는 뜻이다. 인간의 감각과 지각은 적응성과 선택성을 띤다. 대부분의 사람들은 고통스러운 사건은 빨리 잊으려 하는데 이는 마음 깊은 곳에서 불쾌한 느낌을 회피하려는 의도 때문이다. 반면에 기쁘고 행복한 일은 오랫동안 기억한다. 다시 말해 인간에게는 고통을 회피하고 행복의 기억은 확대하려는 선택적 경향이 있기 때문이다. 시인은 이러한 심리적인 특징을 적절하게 이용하여 새로운 이미지를 찾는다. 이것이 현재를 행복함으로 이끌고 미래를 낙관적으로 바라보게 하는 기본적인 힘이다. 모든 것을 거부하지 않지만, 꼭 필요한 것을 기억하여 삶에서 일어난 체험적 언어를 펼친다.

오랜만에 만난 친구들과
수다의 강물은 넘쳐흐르고
67번 찾아 호화로운 룸으로 들어갔다
생음악에 디제이 흥겨움
친구의 노래에 디스코로 생난리
일행은 입이 찢어지게 웃다가
밤은 깊어 가고 출입문을 나설 때
사진사가 얼굴을 내밀며
웃어 보라 손짓했다
우리는 배꼽 잡으며
합창단이 되어 활짝 웃고 있었다
대포 같은 카메라에 놀라 일어나 보니
이게 웬일 67번이 맨홀 속이었다니

우리는 밤새 꿈속 맨홀의 동굴에서
화려한 밤을 즐기고 있었다
생애 이런 꿈은 처음
잊지 못할 꿈속 방
한낮 태양이
모든 환상을 조용히 지워 간다
- 「기억은 맨홀로 지나간다」 전문 -

  기억은 개개인의 능력이 아니다. 삶의 수단이며 척도를 가늠하는 보이지 않는 도구다. 과거에 지나간 것에 대한 지식이나 사물을 머릿속에 새겨 두어 보존하거나 되살려 생각해 내는 것은 삶에 지대한 영향을 준다. 하지만 대부분 좋은 것은 잊어버리고 나쁜 것은 뼈에 새기듯 굳건하게 보존한다. 사람은 언제나 현재를 중요시하지만, 미래를 꿈꾸기 때문이다. 과거는 이미 흘러가 버려 되돌릴 수 없다는 의식이 강하여 아픔이나 이별, 또는 극단의 체험은 잊지 않으나 좋은 일은 물 흐르듯 지나쳐 버린다. 시인은 그런 아픔의 기억 안팎을 넘나들며 삶의 부분을 우뚝하게 일깨운다.
  67은 적은 숫자가 아니다. 100에서 볼 때 중간을 훌쩍 뛰어넘는 숫자, 사람의 수명을 90세로 본다면 거의 끝에 다다른 숫자다. 그런 67세의 소녀들이 모여 수다를 떨다가 유흥업소에 들어가 생음악에 맞춰 춤을 추고 노래하며 보낸 한때의 행복이 꿈이었다니 이렇게 허망할 수가 없다. 그러나 너무 즐거운 한때라 생생하게 기억된다. 이런 장면을 영원히 기억하고 싶지만, 곧 잊힐 것이라는 생각에 암울해진다. 고향의 봄, 부모 형제의 안락함, 우정의 한때 등 수

많은 즐거움을 잊지 않을 수만 있다면 그보다 더 큰 행복이 없을 것이다. 시인의 맨홀은 그래서 가볍다. 그리고 기억은 맨홀로 지나가는 것이다. 삶의 모든 행복을 언제나 끄집어 내어 보고 싶고 그렇게 유지하고 싶은 욕구에 이런 작품을 썼으리라, 그런 자격을 충분히 갖춘 행복한 사람이다.

해가 거듭 들어도
여전히 스무 살 봄날

늙어 가는 무게에도
아름답다
고귀하다
들려오는 말
원숙함이 빛나는
걸음마다 새로움의 색깔
짙게 물들이는 나이

고운 삶의 품위와 향기에 젖어
사랑하고 감사하며
끝내 아름답기를
작은 소망으로 연 길
뒤따르는 걸음이 밟아오기를
바람 젖은 길목에 서서
걸음을 밝힌다

— 「날마다 새롭게」 전문 —

무엇이 시인을 날마다 새롭게 하고 있을까. 오늘이 어제보다 아니면 내일보다 더욱 새롭게 일궈지는 삶이라면 옥황상제도 땅으로 내려와 살고 싶지 않을까. 하루하루가 행복감으로 넘치는 삶이라면 천국을 상상할 필요도 없을 것이다. 그 어떤 이유를 밝힌다고 해도 시인은 행복하고 날마다 새롭다. 이런 일은 실제로 일어나지 않는 꿈이다. 그러나 시인에게는 현실이다. 그것을 시에서 느낄 수 있고 실제의 삶에서도 훤히 보여 준다. 해가 거듭되어도 여전히 스무 살, 늙어가는 무게를 잊고 '아름답다, 고귀하다'고 말해 주는 원숙함이 돋보이는 걸음이며, 새로움의 색깔은 시인의 내면에서 이뤄진 꽃이다. 사람은 나이가 들면 늙는다. 하지만 마음은 나이가 들수록 더 젊어지고 아름답다. 이것은 소망이 아니다. 시인의 가슴에서만 일어나는 욕구가 아니라 사회와 우주 전체를 아우르는 실제의 모습이다. 그런 이유로 당당하게 거리를 걷고 "바람 젖은 길목"에서 등불을 밝힌다.

나날이 쌓이는 예금
사랑의 이자
그 안에 담긴 건
사랑의 크기

아무도 차압하지 못하는
둘만의 정표

훈훈하게 쌓아 놓은

사랑의 탑

무너지지 않게
행복통장으로 품지요
　- 「행복통장」 전문 -

　시인이 시를 쓸 때 언어가 담고 있는 의미와 목표로 삼는 사물을 각각 별도로 취급하면 순전히 이차적이고 부정적이 된다. 이 둘을 결합하여 적극적이고 긍정적인 하나의 현상을 만들어 내야 비로소 시를 썼다고 할 수가 있다. 이는 언어가 내포하고 있는 유일한 현상으로서 일상 언어의 속성을 배제하는 이유다. 언어의 의미에서 사물의 본질을 찾지 않고, 언어의 차이에서 드러나게 하는 것이라면 언어에 결정적으로 의지하게 되어 이미지를 생성할 수도 없고, 이어 가지 못한다. 이 차이의 개념이 차이의 철학으로 이어지기도 하지만, 그것은 언어의 의미가 차이에서 드러난다.
　통장은 예금을 맡기고 증명으로 받는 증표다. 또한 저축의 강도를 나타내는 도표다. 돈의 목적은 행복하게 살기 위하여 버는 것이고 차후를 대비하여 보관하는 의미가 크므로 통장에 기재된 액수에 따라 행불이 정해지기도 한다. 시인은 그런 통장의 의미를 돈이 아닌 행복의 척도를 나타내는 도표로 그렸다. 나날이 쌓이는 사랑의 예금은 사랑할수록 이자가 붙어 더욱 짙어지고 사랑의 크기를 키운다. 훈훈하게 쌓여 가는 사랑의 도표는 누구에게 자랑해도 떳떳하고 당당하다. 시인은 사랑이 담고 있는 의미와 목표를 정확하게 파악함은 물론 긍정적인 현상을 만들어 낸다. 이것은 누구라도 할 수 있으나 아무도 이루지 못한 경지다. 오직 김임생 시인만이 이뤄 낸 삶의 경지이며 사랑의 최고봉이다.

4. 시작의 말문을 크게 연 시인의 길 찾기

  시인이 자아를 통찰하는 길은 험난하다. 오르막길에 부닥치고 곤란과 갈등 속에 당면하여 어느 방향을 향할지를 헤맨다. 그래서 일반인보다 더 역동적인 생각을 하게 된다. 언어의 길을 헤매다가 전혀 엉뚱한 발상도 하게 되고, 이미 사용한 언어를 되새기다가 놓쳤던 고유의 특성을 살려 내기도 한다. 시의 언어는 어떤 덩어리에서 떨어져 나와 하나의 개체를 이뤘을 때 비로소 자유를 얻게 되고 연속성을 가지는데 이미 짊어진 언어에서 헤어나지 못한다면 자아에 의한 창조적인 언어를 탄생시키지 못한다. 김임생 시인은 시의 첫걸음을 사랑의 길로 택하였다. 역동적인 사랑이 아닌 존엄하고 근면한 사랑의 길을 간다. 사랑의 불길을 일으키는 예술성의 길을 찾아 체험을 관찰하고 자신의 개념을 이해하는 행복한 시를 쓴다. 현재를 행복감으로 이끌어 가며 낙관적으로 바라보는 힘을 사랑에서 얻어 발효시킨다. 이런 힘이 아름다움을 통해 삶을 이룩한 미학의 언어 찾기가 되어 첫 시집을 상재하게 되었다. 축하하며 가는 길이 더욱 밝기를 기대한다.

김임생 시집
기억은 맨홀로 지나간다

제1판 1쇄 발행 · 2025년 8월 25일

지은이 · 김임생
펴낸이 · 이석우
펴낸 곳 · 세종문화사
편집 주간 · 김영희

주소 · (03740)
　　　　서울 서대문구 통일로 107-39, 222호
　　　　E-mail: eds@kbnewsnet
전화 · (02)363-3345
팩스 · (02)363-9990

등록번호 · 제25100-1974-000001호
등록일 · 1974년 2월 1일

ISBN 978-89-7424-213-8　03810

값 13,000원